Impressum
Verlag: BABADADA GmbH, Nedderfeld 112 , 22529 Hamburg
Geschäftsführer / Verlagsleitung: Harald Hof
Druck: Books on Demand GmbH, In de Tarpen 42, 22848 Norderstedt

Imprint
Publisher: BABADADA GmbH, Nedderfeld 112 , 22529 Hamburg, Germany
Managing Director / Publishing direction: Harald Hof
Print: Books on Demand GmbH, In de Tarpen 42, 22848 Norderstedt

學校

学校

教室
教室
除
除
186/2
黑板
黑板
校園
校园
老師
老师
紙
纸
書寫
书写
筆
钢笔
辦公桌
办公桌
直尺
直尺
書
书
學生
学生

書包

书包

鉛筆盒

铅笔盒

鉛筆

铅笔

削鉛筆機

卷笔刀

橡皮擦

橡皮擦

畫板

画板

圖畫

图画

畫筆

画笔

顏料盒

颜料盒

剪刀

剪刀

膠水

胶水

練習冊

练习册

家庭作業

家庭作业

12

數字

数字

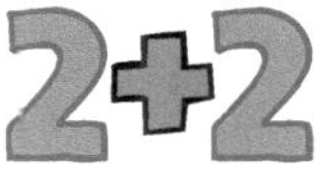
2+2

加

加

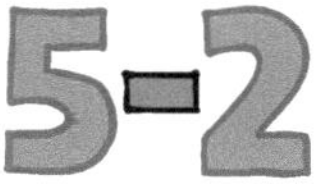
5-2

減

减

2×2

乘

乘

42

計算

计算

A

字母

字母

ABCDEFG
HIJKLMN
OPQRSTU
VWXYZ

字母表

字母表

hello

字

字

課文

课文

讀

读

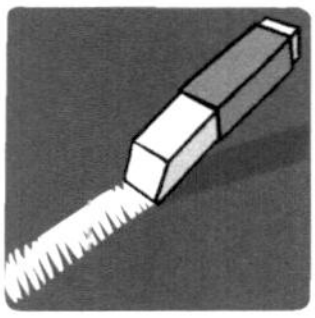

粉筆

粉笔

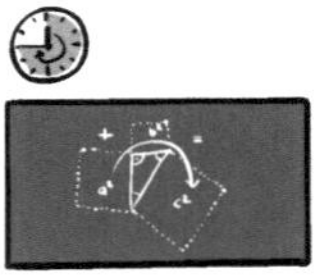

上課

上课

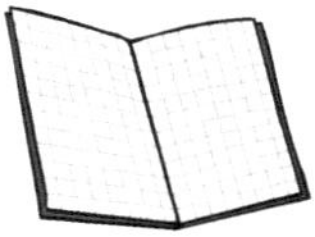

登記

登记

考試

考试

證書

证书

校服

校服

教育

教育

百科全書

百科全书

大學

大学

顯微鏡

显微镜

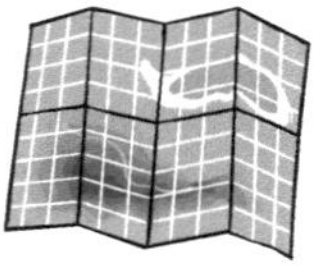

地圖

地图

廢紙簍

废纸篓

旅行

旅行

飯店
酒店
Grand
ROOMS
青年旅社
青年旅社
外幣兌換處
外币兑换处
手提箱
手提箱
汽車
汽车

語言

语言

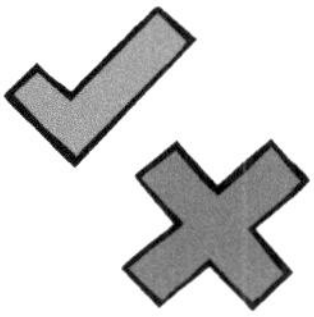

是/否

是/否

好的

好的

您好

您好

翻譯人員

翻译员

謝謝

谢谢

......多少錢？

......多少钱？

我不明白

我不明白

問題

问题

晚上好！

晚上好！

早上好！

早上好！

晚安！

晚安！

再見

再见

方向

方向

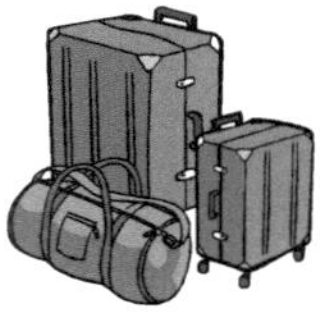

行李

行李

包

包

背包

双肩包

客人

客人

房間

房间

睡袋

睡袋

帳篷

帐篷

旅行資訊

旅游信息

海灘

海滩

信用卡

信用卡

早餐

早餐

午餐

午餐

晚餐

晚餐

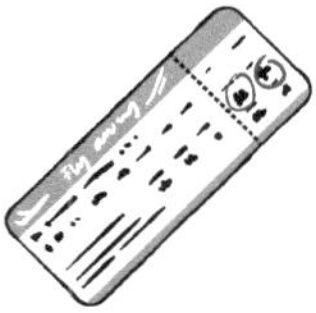

票

票

電梯

电梯

郵票

邮票

邊界

边界

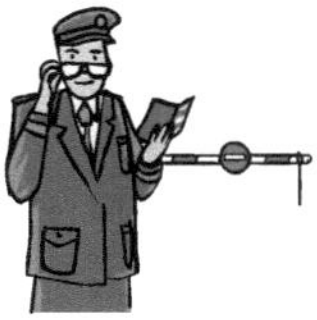

海關

海关

大使館

大使馆

簽證

签证

護照

护照

交通運送
交通运输

飛機
飞机
船
船
消防車
消防车
公車
公交车
卡車
卡车
汽艇
汽艇
腳踏車
自行车
汽車
汽车

渡輪

擺渡船

小船

小船

機車

摩托车

警車

警车

賽車

赛车

租車

租车

拼車

拼车

拖車

拖车

垃圾車

垃圾车

馬達

发动机

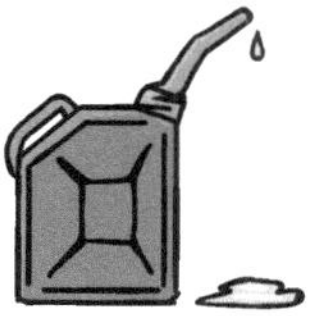

汽油

汽油

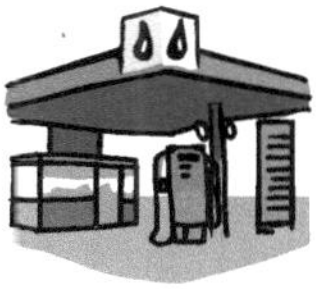

加油站

加油站

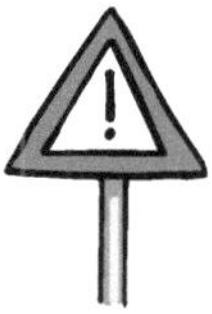

交通標識

交通标志

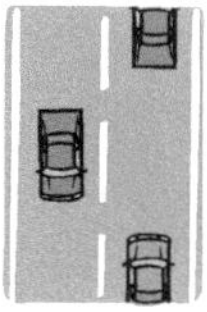

交通

交通

交通堵塞

交通堵塞

停車場

停车场

火車站

火车站

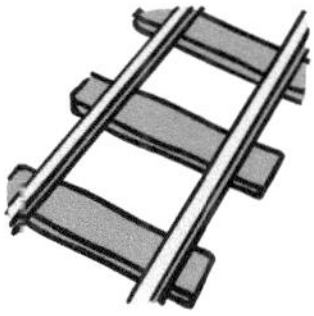

軌道

轨道

火車

火车

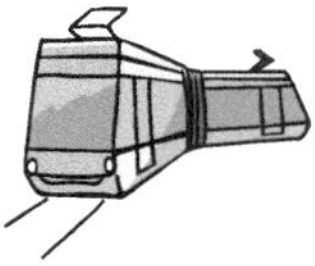

路面電車

电车

客車廂

货车

直升機

直升机

機場

机场

塔

塔

乘客

乘客

集裝箱

集装箱

紙板箱

纸板箱

手推車

手推车

籃子

篮子

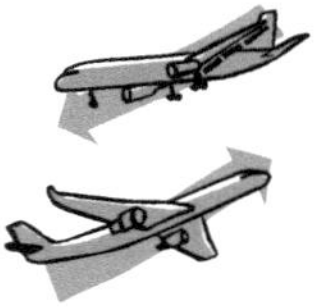

起飛/降落

起飞/降落

城市

城市

村莊

村庄

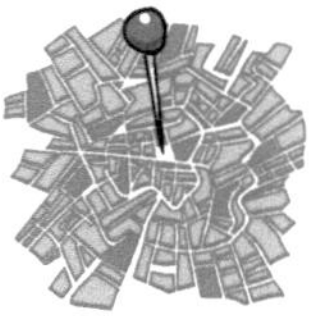

市中心

市中心

房子

房子

電影院
电影院
廣告
广告
CINEMA
路燈
路灯
街道
街道
計程車
出租车
小吃店
小吃店
行人
行人
人行道
人行道
斑馬線
斑马线
垃圾箱
垃圾箱
十字路口
十字路口
紅綠燈
红绿灯

小屋

小屋

公寓

公寓

火車站

火车站

市政廳

市政厅

MUSEUM

博物館

博物馆

學校

学校

大學

大学

銀行

银行

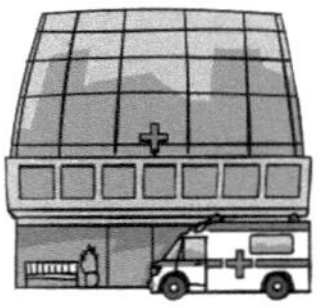

醫院

医院

飯店

酒店

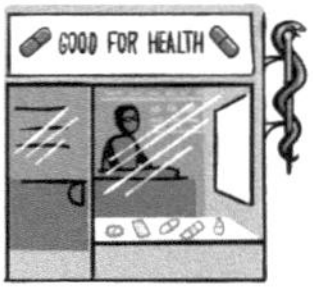

藥房

药房

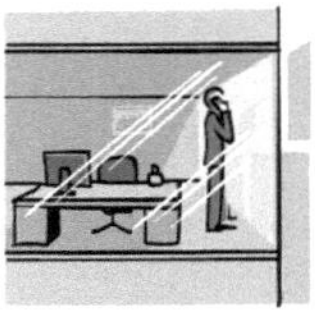

辦公室

办公室

書店

书店

商店

商店

花店

花店

超市

超市

市場

市场

百貨商店

百货商店

魚店

鱼店

購物中心

购物中心

海港

海港

公園

公园

長凳

长凳

橋

桥

樓梯

楼梯

捷運

地铁

隧道

隧道

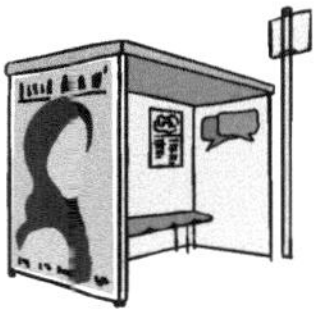

公車站

公交车站

酒吧

酒吧

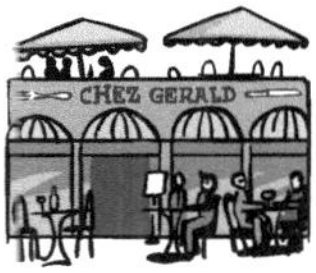

餐館

餐馆

郵筒

邮筒

路標

路标

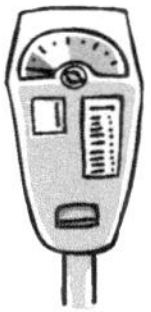

停車計時器

停车计时器

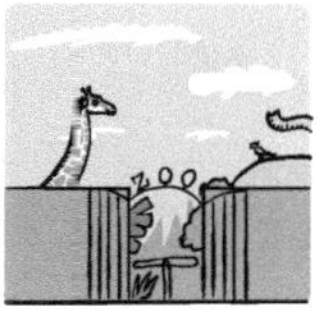

動物園

动物园

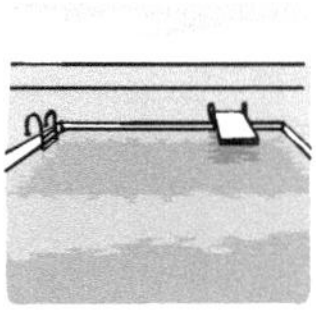

游泳池

游泳馆

清真寺

清真寺

農場

农场

污染

污染

墓地

墓地

教堂

教堂

操場

操场

寺廟

寺庙

地形

地形

樹葉
树叶
指示牌
指示牌
路
路
草地
草地
石頭
石头
徒步旅行者
徒步旅行者
河
河
樹
树
草
草
花
花

峽谷

峡谷

丘陵

山

湖

湖

森林

森林

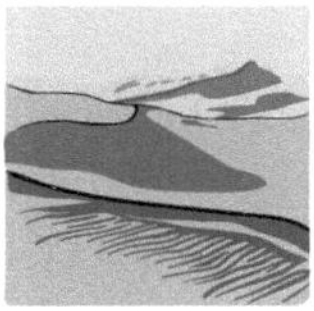

沙漠

沙漠

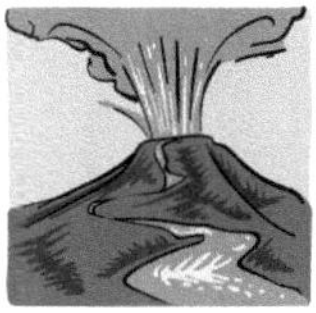

火山

火山

城堡

城堡

彩虹

彩虹

蘑菇

蘑菇

棕櫚樹

棕榈树

蚊子

蚊子

蒼蠅

苍蝇

螞蟻

蚂蚁

蜜蜂

蜜蜂

蜘蛛

蜘蛛

甲蟲

甲虫

青蛙

青蛙

松鼠

松鼠

刺蝟

刺猬

野兔

野兔

貓頭鷹

猫头鹰

鳥

鸟

天鵝

天鹅

野豬

野猪

鹿

鹿

麋鹿

麋鹿

水壩

水坝

風力發電機

风力发电机

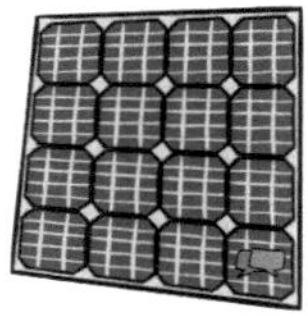

太陽能電池板

太阳能电池板

氣候

气候

餐館
餐馆

服務生
服务员
菜譜
菜单
椅子
椅子
湯
汤
披薩餅
披萨饼
餐具
餐具
桌布
桌布

前菜

前菜

主菜

主菜

甜點

甜点

飲料

饮料

食物

食物

瓶子

瓶子

速食

快餐

街邊小吃

街边小吃

茶壺

茶壶

糖盒

糖盒

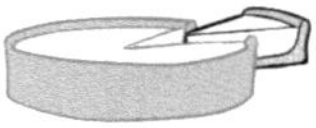

一份飯菜

一份饭菜

義式咖啡機

意式咖啡机

高腳椅

高脚椅

帳單

账单

托盤

托盘

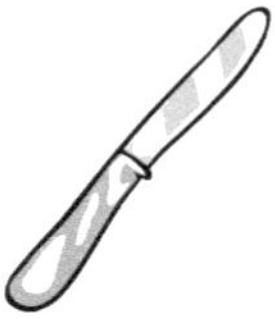

刀

刀

餐叉

餐叉

勺子

勺子

茶匙

茶匙

餐巾

餐巾

玻璃杯

玻璃杯

碟子

碟子

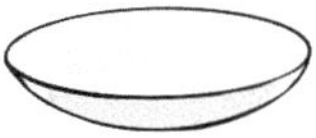

湯盤

汤盘

碟子

碟子

醬

酱

鹽瓶

盐瓶

胡椒研磨罐

胡椒磨

醋

醋

食用油

食用油

調味料

调味料

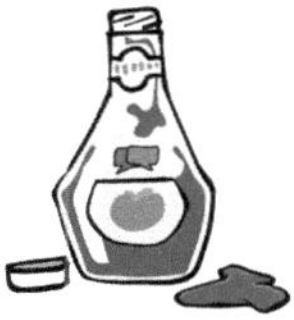

番茄醬

番茄酱

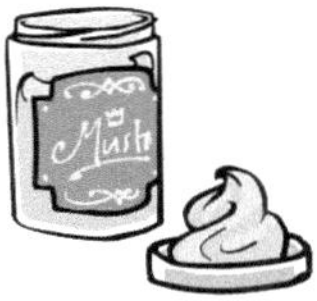

芥末

芥末

美乃滋

蛋黄酱

超市
超市

肉鋪

肉铺

麵包店

面包房

稱重

称重

蔬菜

蔬菜

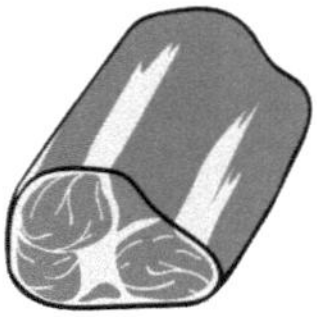

肉

肉

冷凍食品

冷冻食品

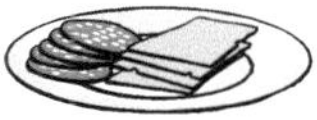

冷盤

冷盘

罐頭食品

罐头食品

洗衣粉

洗衣粉

甜食

甜食

日用品

日用品

清潔用品

清洁用品

銷售員

销售员

收銀機

收银机

收銀員

收银员

購物清單

购物清单

開放時間

开放时间

錢包

钱包

信用卡

信用卡

袋子

袋子

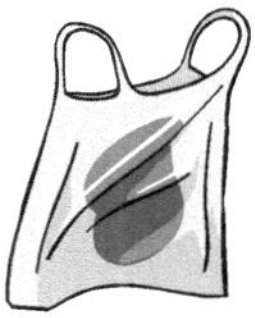

塑膠袋

塑料袋

飲料
飲料

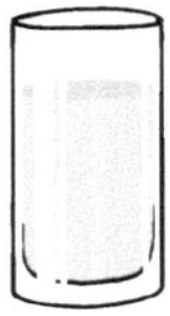

水

水

果汁

果汁

牛奶

牛奶

可樂

可乐

紅酒

红酒

啤酒

啤酒

酒

酒

可可

可可

茶

茶

咖啡

咖啡

義式濃縮咖啡

意式浓缩咖啡

卡布奇諾

卡布奇诺

食物
食物

香蕉

香蕉

蘋果

苹果

柳丁

橙子

西瓜

西瓜

檸檬

柠檬

胡蘿蔔

胡萝卜

大蒜

大蒜

竹子

竹子

洋蔥

洋葱

蘑菇

蘑菇

堅果

坚果

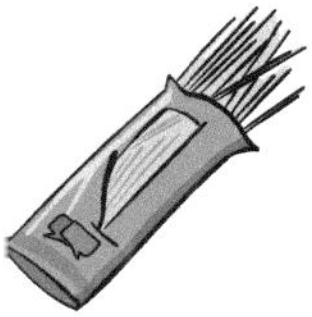

麵條

面条

義大利麵

意大利面条

米飯

米饭

沙拉

沙拉

薯條

薯条

炸馬鈴薯

炸土豆

披薩餅

披萨饼

漢堡

汉堡包

三明治

三明治

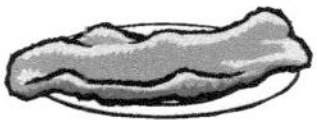

炸豬排

炸猪排

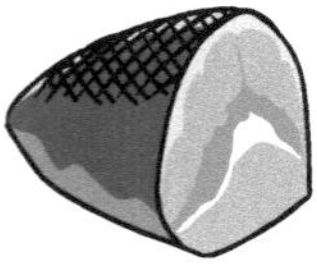

火腿

火腿

義大利臘腸

萨拉米

香腸

香肠

雞肉

鸡肉

烤肉

烤肉

魚

鱼

燕麥片

燕麦片

木斯里

穆兹利

玉米片

玉米片

麵粉

面粉

牛角麵包

羊角面包

麵包捲

面包卷

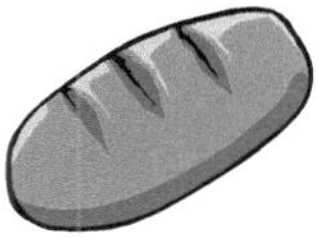

麵包

面包

吐司

烤面包

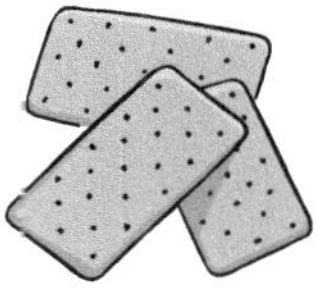

餅乾

饼干

奶油

黄油

凝乳

凝乳

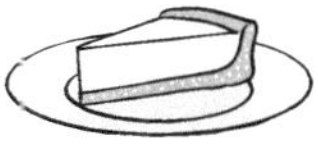

蛋糕

蛋糕

蛋

蛋

煎蛋

煎蛋

起司

奶酪

冰淇淋

冰激凌

糖

糖

蜂蜜

蜂蜜

果醬

果酱

巧克力醬

巧克力酱

咖哩

咖喱饭

農場

农场

農舍
农舍
糧倉
粮仓
稻草捆
稻草捆
田野
田野
馬
马
拖車
拖车
拖拉機
拖拉机
馬駒
马驹
驢
驴
羊
羊
羔羊
羔羊

山羊

山羊

奶牛

奶牛

小牛

牛犊

豬

猪

小豬

小猪

公牛

公牛

鵝

鹅

鴨

鸭

小雞

小鸡

母雞

母鸡

公雞

公鸡

鼠

鼠

貓

猫

老鼠

老鼠

牛

牛

狗

狗

狗屋

狗屋

花園澆水軟管

花园浇水软管

澆水壺

洒水壶

長柄大鐮刀

长柄大镰刀

犁

犁

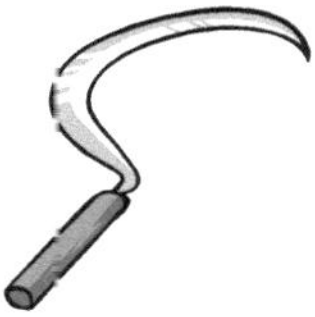

鐮刀

镰刀

鋤頭

锄头

長柄草耙

长柄草耙

斧頭

斧头

獨輪手推車

独轮手推车

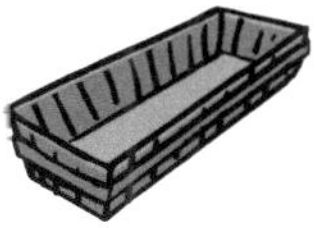

飼料槽

饲料槽

牛奶罐

牛奶罐

麻布袋

麻布袋

柵欄

栅栏

馬廄

马厩

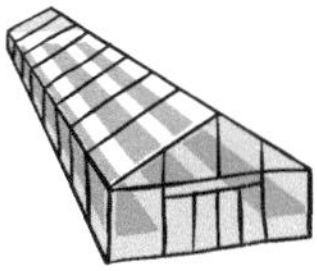

溫室

温室

土壤

土壤

種子

种子

肥料

肥料

聯合收割機

联合收割机

收割

收割

收割

收割

地瓜

山药

小麥

小麦

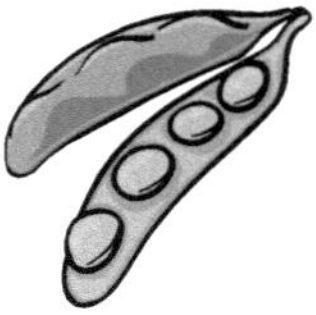

大豆

大豆

土豆

土豆

玉米

玉米

油菜籽

油菜籽

果樹

果树

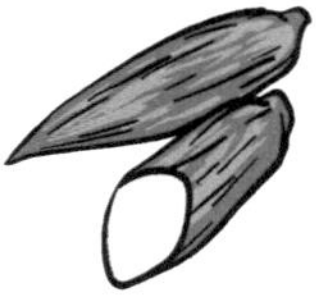

樹薯

树薯

穀物

谷物

房子

煙囪
烟囱
屋頂
屋顶
落水管
落水管
窗戶
窗户
車庫
车库
門鈴
门铃
門
门
垃圾桶
垃圾桶
信箱
信箱
花園
花园

客廳

客厅

浴室

浴室

廚房

厨房

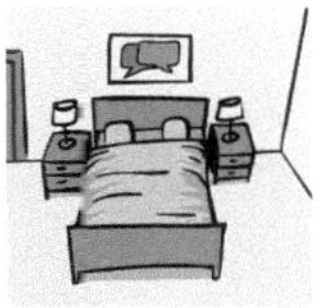

臥室

卧室

兒童房

儿童房

餐廳

餐厅

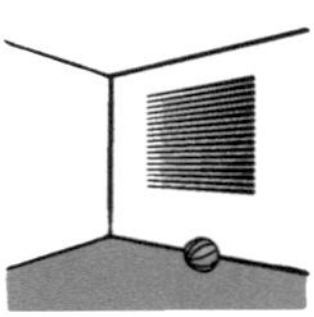

地板

地板

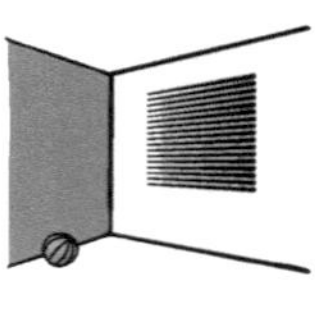

牆壁

墙壁

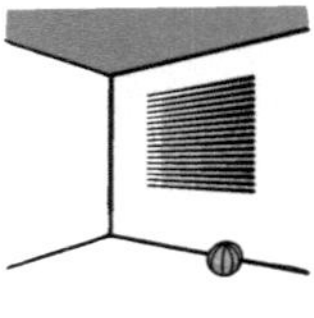

天花板

吊顶

地窖

地窖

三溫暖

桑拿

陽臺

阳台

露臺

露台

游泳池

游泳池

割草機

割草机

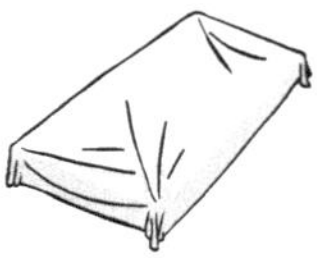

被單

被单

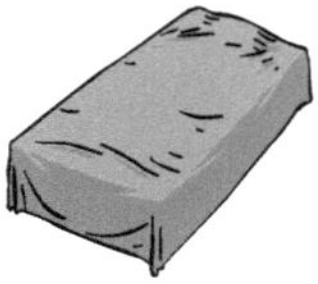

床罩

床罩

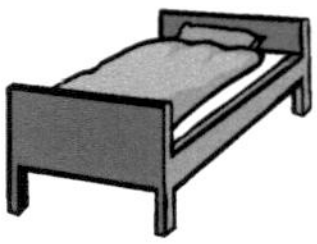

床

床

掃帚

扫帚

水桶

水桶

開關

开关

客廳

客厅

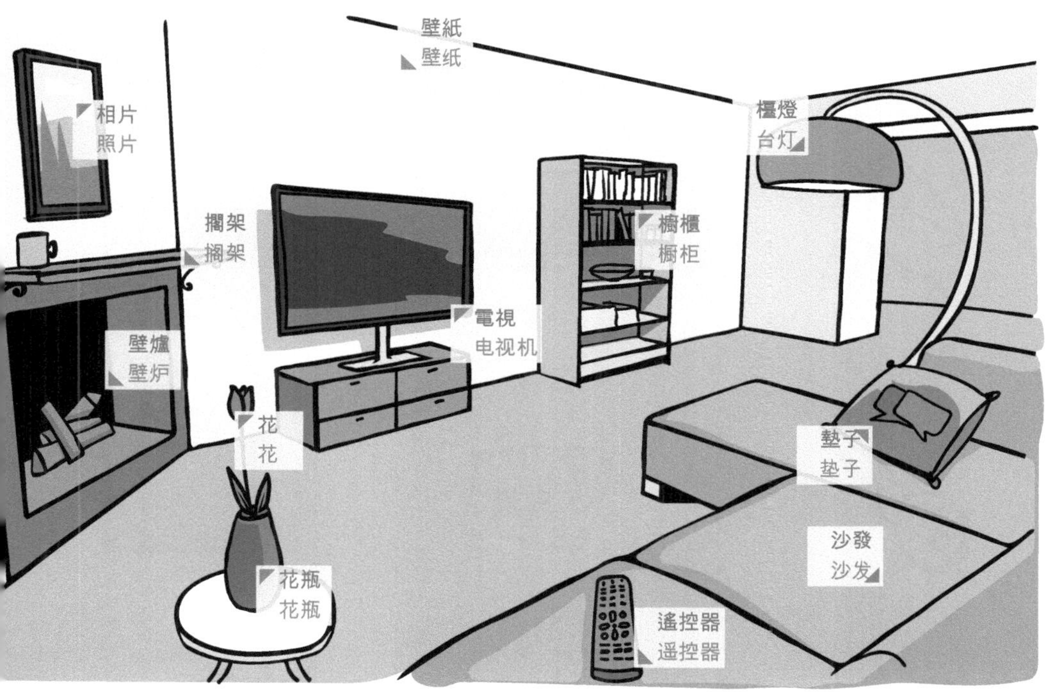
壁紙
壁纸
相片
照片
檯燈
台灯
擱架
搁架
櫥櫃
橱柜
電視
电视机
壁爐
壁炉
花
花
墊子
垫子
沙發
沙发
花瓶
花瓶
遙控器
遥控器

地毯

地毯

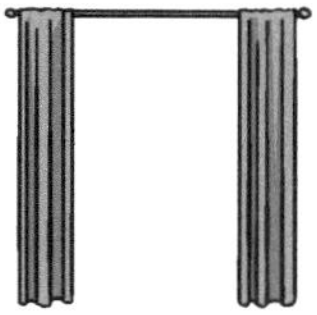

窗簾

窗帘

餐桌

餐桌

椅子

椅子

搖椅

摇椅

扶手椅

扶手椅

書

书

毯子

毯子

裝飾品

装饰品

木柴

木柴

電影

电影

高傳真音響

高保真音响

鑰匙

钥匙

報紙

报纸

油畫

油画

海報

海报

收音機

收音机

筆記本

笔记本

吸塵器

吸尘器

仙人掌

仙人掌

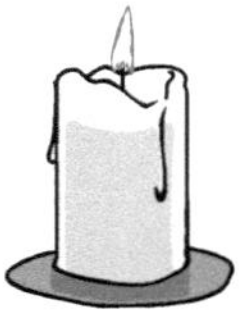

蠟燭

蜡烛

廚房

厨房

冰箱
冰箱
微波爐
微波炉
廚房秤
廚房秤
烤麵包機
烤面包机
洗潔精
洗洁精
烤箱
烤箱
冰櫃
冰柜
垃圾桶
垃圾桶
洗碗機
洗碗机

炊具

炊具

鍋

锅

鑄鐵鍋

铸铁锅

炒鍋

炒锅

平底鍋

平底锅

水壺

水壶

蒸鍋

蒸锅

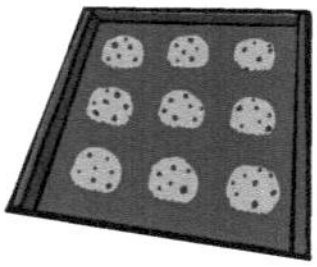

烤盤

烤盘

陶瓷鍋

陶瓷锅

馬克杯

马克杯

碗

碗

筷子

筷子

長柄勺

长柄勺

鏟子

铲子

攪拌器

搅拌器

濾網

滤网

篩子

筛子

磨碎機

磨碎机

研缽

研钵

燒烤

烧烤

明火

明火

菜板

菜板

擀麵杖

擀面杖

開瓶器

开瓶器

罐子

罐子

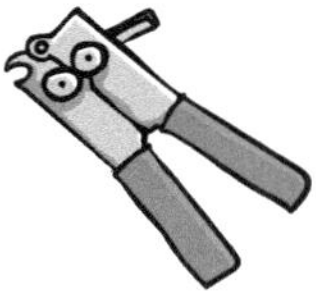

開罐器

开罐器

隔熱手套

隔热手套

水槽

水槽

刷子

刷子

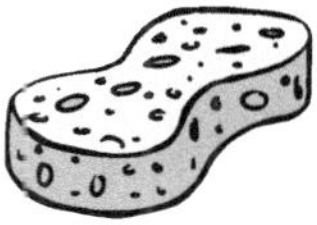

海綿

海绵

攪拌機

搅拌机

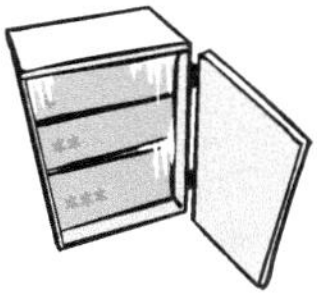

冷藏箱

冷藏箱

奶瓶

奶瓶

水龍頭

水龙头

浴室

浴室

供暖裝置
供暖设备
毛巾
毛巾
淋浴
淋浴
浴簾
浴帘
泡沫浴
泡沫浴
浴缸
浴缸
玻璃杯
玻璃杯
洗衣機
洗衣机
瓷磚
瓷砖
水龍頭
水龙头
便壺
便壶
水槽
水槽

廁所

厕所

蹲便器

蹲便器

坐浴器

坐浴器

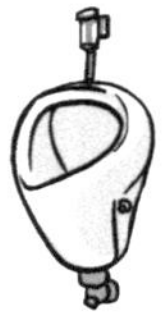

小便斗

小便池

廁紙

厕纸

馬桶刷

马桶刷

牙刷

牙刷

牙膏

牙膏

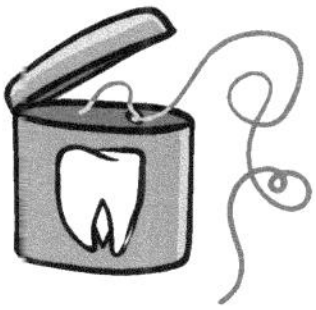

牙線

牙线

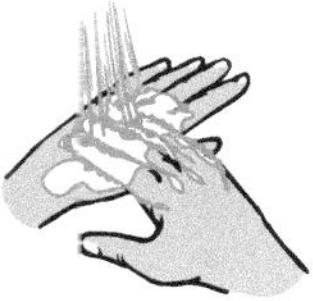

洗

洗

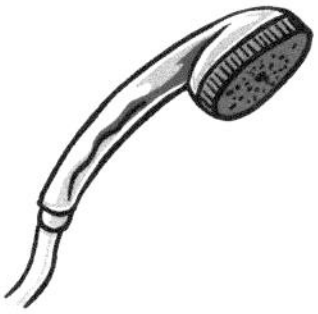

手持式蓮蓬頭

手持式喷淋头

沖洗器

冲洗器

洗臉盆

洗脸盆

洗背刷

擦背刷

肥皂

肥皂

沐浴露

沐浴露

洗髮乳

洗发水

法蘭絨

法兰绒

排水

排水

乳霜

乳霜

除臭劑

除臭剂

鏡子

镜子

手鏡

手镜

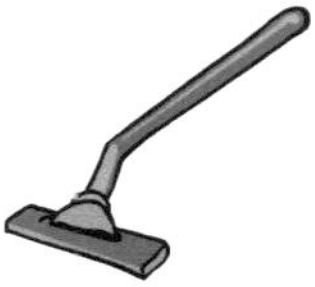

刮鬍刀

剃须刀

刮鬍泡沫

剃须泡沫

鬚後水

须后水

梳子

梳子

刷子

刷子

吹風機

吹风机

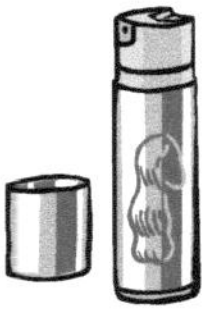

噴髮定型劑

喷发定型剂

化妝品

化妆品

唇膏

唇膏

指甲油

指甲油

化妝棉

化妆棉

指甲剪

指甲剪

香水

香水

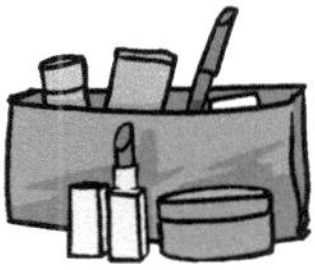

洗漱包

洗漱包

凳子

凳子

計重秤

计重秤

浴袍

浴袍

橡膠手套

橡胶手套

衛生棉條

卫生棉条

衛生棉

卫生巾

化學廁所

化学厕所

兒童房

儿童房

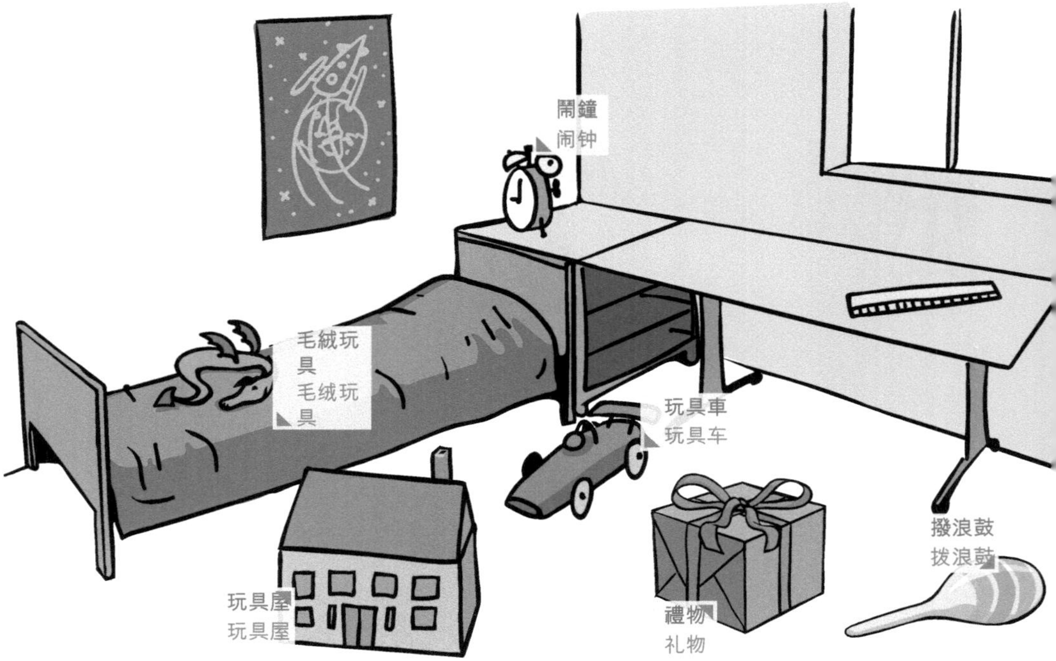
鬧鐘
闹钟
毛絨玩具
毛绒玩具
玩具車
玩具车
撥浪鼓
拨浪鼓
玩具屋
玩具屋
禮物
礼物

氣球

气球

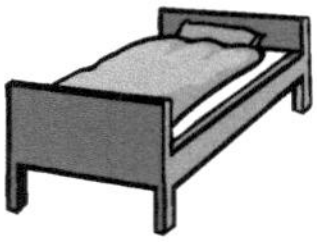

床

床

嬰兒車

（洋娃娃用）婴儿车

撲克牌

扑克牌

拼圖

拼图

SUPER
MEGA

漫畫

漫画

樂高積木

乐高积木

積木玩具

积木玩具

公仔

玩具人

嬰兒服

婴儿服

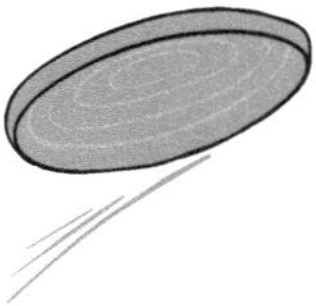

飛盤

飞盘

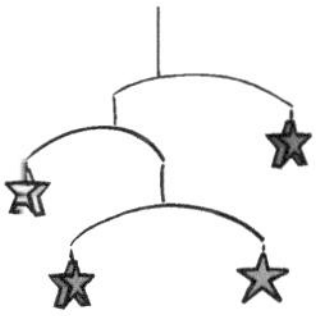

床鈴玩具

床铃玩具

棋盤遊戲

棋盘游戏

骰子

骰子

火車模型

火车模型

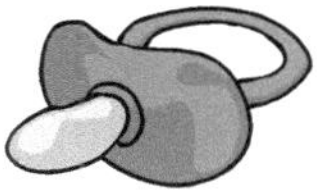

安撫奶嘴

安抚奶嘴

派對

聚会

繪本

绘本

球

球

洋娃娃

洋娃娃

玩

玩

沙坑

沙坑

鞦韆

秋千

玩具

玩具

電玩遊戲

游戏机

三輪車

三轮车

泰迪熊

泰迪熊

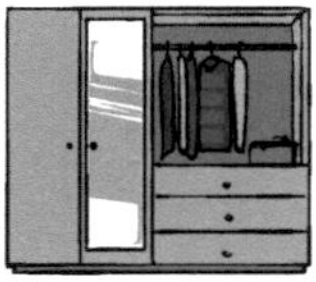

衣櫃

衣柜

衣服

衣服

襪子

袜子

長襪

长袜

緊身褲

紧身裤

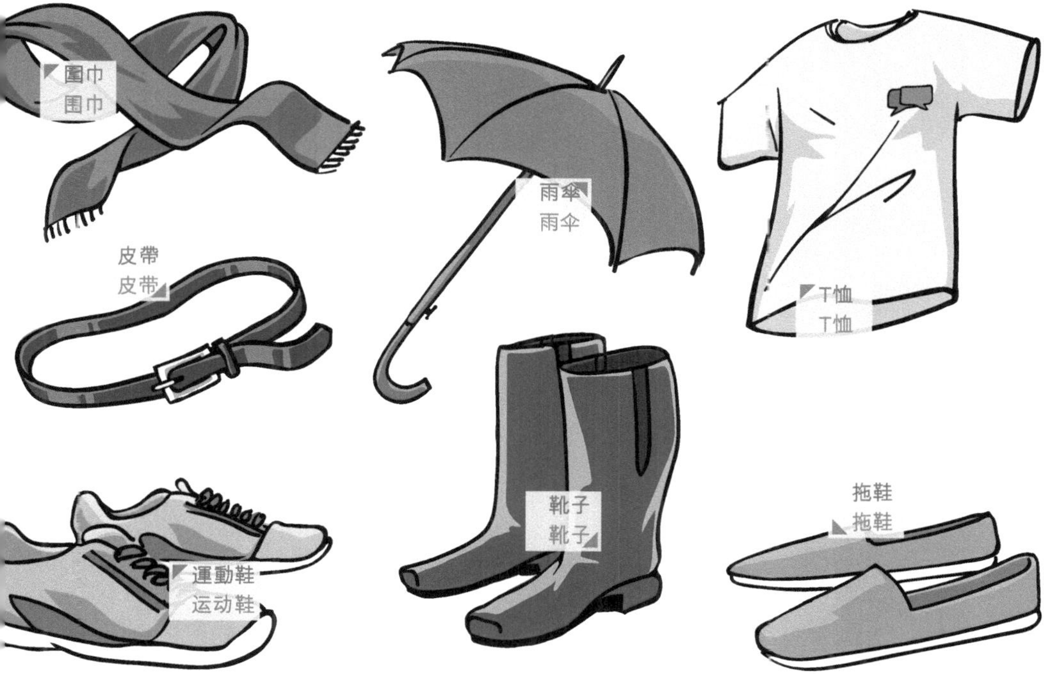
圍巾
围巾
雨傘
雨伞
T恤
T恤
皮帶
皮带
靴子
靴子
拖鞋
拖鞋
運動鞋
运动鞋

涼鞋
凉鞋

鞋
鞋

雨靴
雨靴

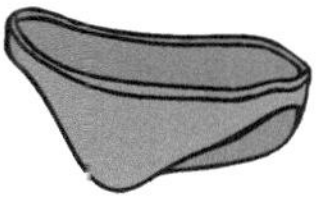

內褲
内裤

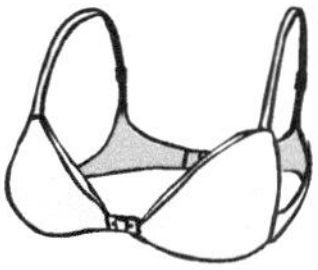

胸罩
胸罩

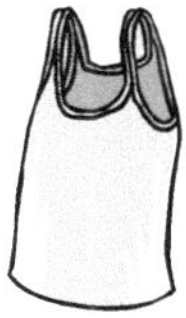

背心
背心

身體

身体

褲子

裤子

牛仔褲

牛仔裤

短裙

短裙

女式襯衫

女式衬衫

襯衫

衬衫

套頭衫

套头衫

連帽上衣

卫衣

西裝夾克

西装夹克

夾克

夹克

外套

外套

雨衣

雨衣

套裝

套装

連衣裙

连衣裙

婚紗

婚纱

西裝

西装

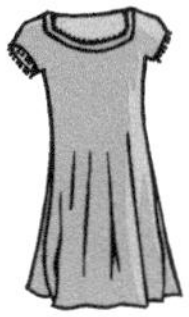

睡袍

睡袍

睡衣

睡衣

莎麗

莎丽

頭巾

头巾

包頭巾

包头巾

波卡

波卡

卡夫坦

卡夫坦

(阿拉伯式)長袍

(阿拉伯式)长袍长袍

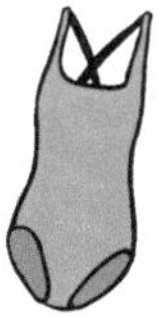

泳衣

泳衣

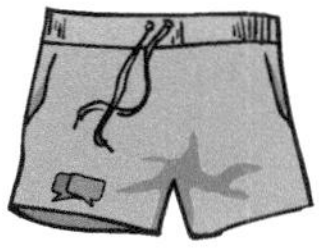

男式泳褲

男式泳裤

短褲

短裤

運動服

运动服

圍裙

围裙

手套

手套

鈕扣

纽扣

眼鏡

眼镜

手鏈

手链

項鍊

项链

戒指

戒指

耳環

耳环

便帽

便帽

衣架

衣架

帽子

帽子

領帶

领带

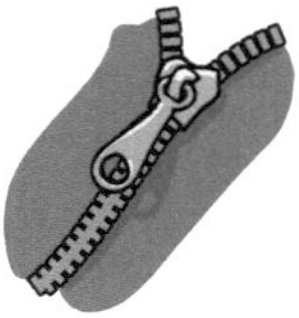

拉鍊

拉链

安全帽

头盔

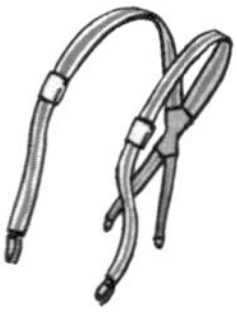

背帶

背带

校服

校服

制服

制服

圍兜

围兜

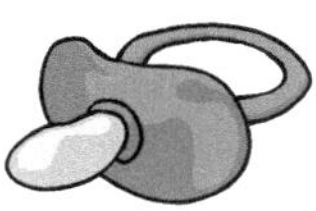

安撫奶嘴

安抚奶嘴

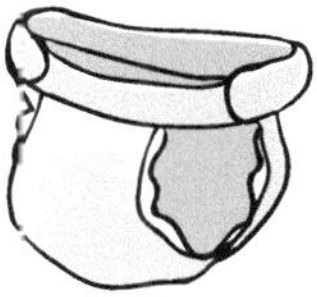

尿布

尿不湿

辦公室

办公室

伺服器
服务器
檔案櫃
文件柜
印表機
打印机
紙
纸
螢幕
显示屏
辦公桌
办公桌
滑鼠
鼠标
資料夾
文件夹
鍵盤
键盘
椅子
椅子
廢紙簍
废纸筐
電腦
电脑

咖啡杯

咖啡杯

計算機

计算器

網際網路

因特网

筆記型電腦

笔记本电脑

信件

信件

簡訊

消息

行動電話

手机

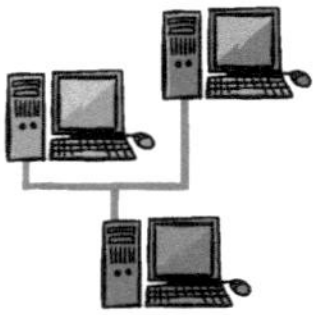

網路

网络

影印機

复印机

軟體

软件

電話

电话

插座

插座

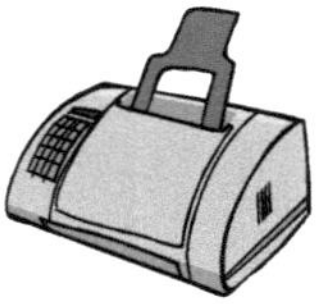

傳真機

传真机

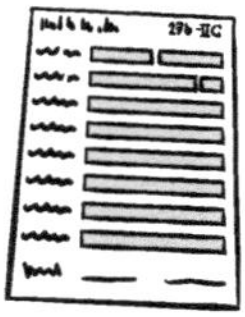

表格

表格

檔案

文件

經濟

经济

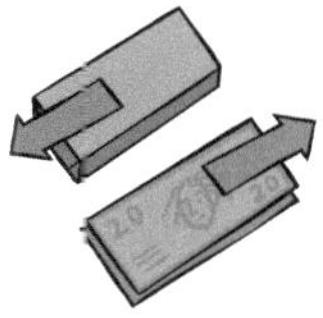

買

买

付錢

付钱

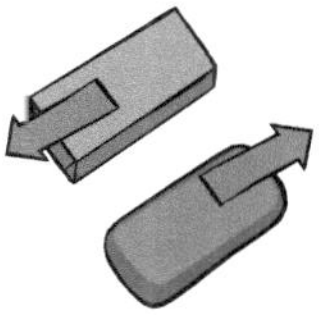

交易

交易

現金

现金

美元

美元

歐元

欧元

日元

日元

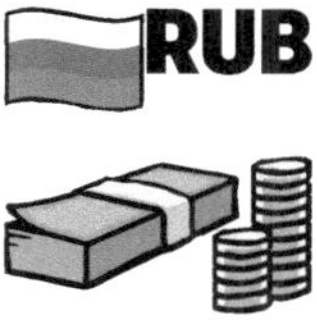

盧布

卢布

瑞士法郎

瑞士法郎

人民幣

人民币

盧比

卢比

提款處

提款处

外幣兌換處

外币兑换处

金

金

銀

银

石油

石油

能源

能源

36€

價格

价格

合約

合同

稅金

税金

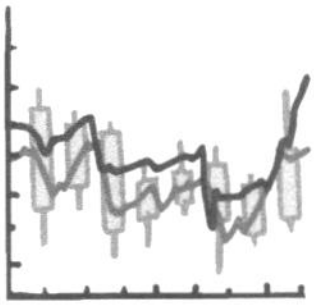

股票

股票

工作

工作

職員

职员

老闆

老板

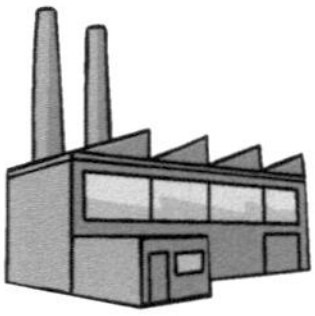

工廠

工厂

heute billig,
morgen teuer!

商店

商店

職業
职业

警官
警官
消防員
消防员
廚師
厨师
醫師
医生
飛行員
飞行员

園丁

园丁

木匠

木匠

裁縫

裁缝

法官

法官

化學家

化学家

演員

演员

公車司機
公交车司机

計程車司機
出租车司机

漁夫
渔夫

清洗女工
清洁女工

屋頂工
屋顶工

服務生
服务员

獵人
猎人

畫家
画家

麵包師
面包师

電工
电工

建築工人
建筑工人

工程師
工程师

屠夫
屠夫

水管工
水管工

郵差
邮递员

士兵

士兵

建築師

建筑师

收銀員

收银员

花農

花农

理髮師

理发师

售票員

售票员

機械技師

机械师

船長

船长

牙醫

牙医

科學家

科学家

拉比

拉比

伊瑪目

伊玛目

和尚

和尚

牧師

牧师

工具
工具

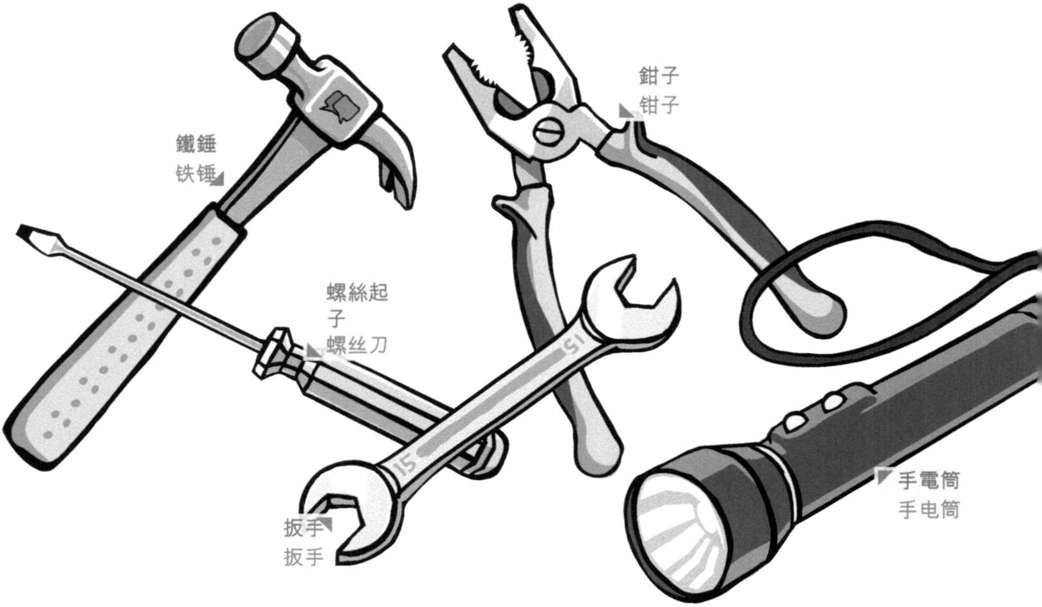

挖掘機
挖掘机

工具箱
工具箱

梯子
梯子

鋸子
锯子

釘子
钉子

鑽機
钻机

修

修

鏟子

铲子

糟糕！

靠！

畚箕

簸箕

油漆桶

油漆桶

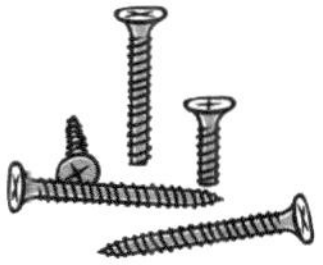

螺絲

螺丝

樂器
乐器

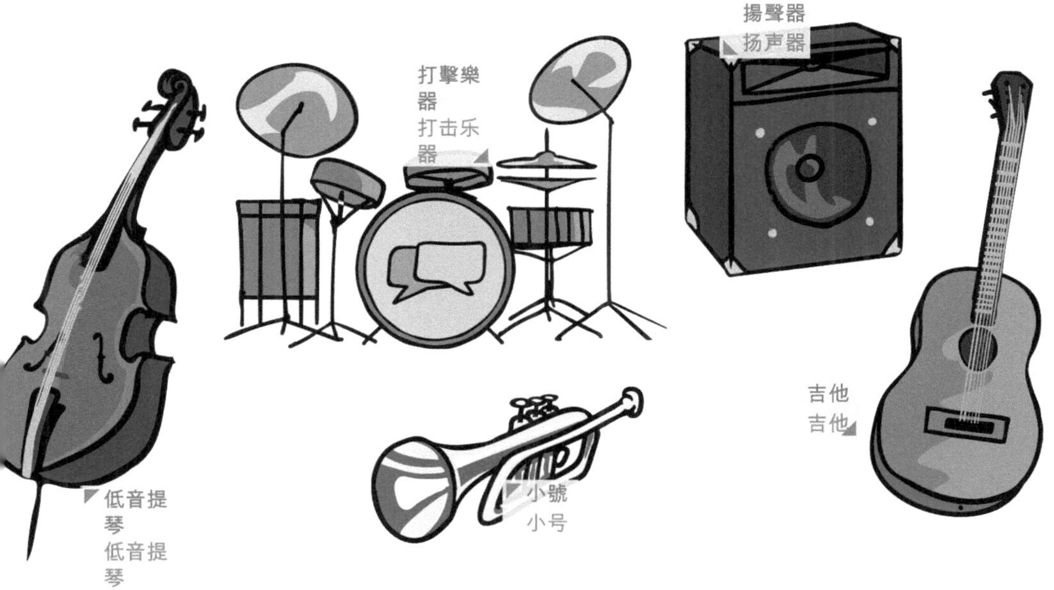
揚聲器
扬声器
打擊樂器
打击乐器
吉他
吉他
低音提琴
低音提琴
小號
小号

鋼琴

钢琴

小提琴

小提琴

貝斯

贝斯

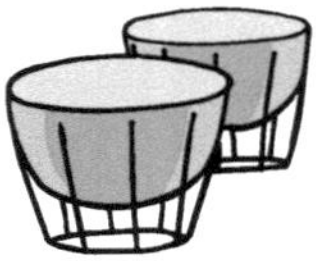

定音鼓

定音鼓

鼓

鼓

電子琴

电子琴

薩克斯風

萨克斯管

長笛

长笛

麥克風

麦克风

動物園

动物园

老虎
老虎
入口
入口
籠子
笼子
斑馬
斑马
動物飼料
动物饲料
熊貓
熊猫

動物

动物

大象

大象

袋鼠

袋鼠

犀牛

犀牛

大猩猩

大猩猩

熊

熊

駱駝

骆驼

鴕鳥

鸵鸟

獅子

狮子

猴子

猴子

紅鶴

火烈鸟

鸚鵡

鹦鹉

北極熊

北极熊

企鵝

企鹅

鯊魚

鲨鱼

孔雀

孔雀

蛇

蛇

鱷魚

鳄鱼

動物園管理員

动物园管理员

海豹

海豹

美洲豹

美洲豹

矮種馬

矮种马

豹

豹

河馬

河马

長頸鹿

长颈鹿

老鷹

老鹰

野豬

野猪

魚

鱼

龜

龟

海象

海象

狐狸

狐狸

羚羊

羚羊

體育
体育

橄欖球
橄榄球
騎腳踏車
騎自行车
網球
网球
籃球
篮球
游泳
游泳
拳擊
拳击
冰球
冰球

美式足球

英式足球

羽毛球

羽毛球

田徑

田径

手球

手球

滑雪

滑雪

馬球

马球

活動
活动

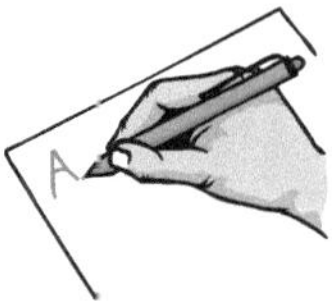

書寫

书写

畫

画

展示

展示

推

推

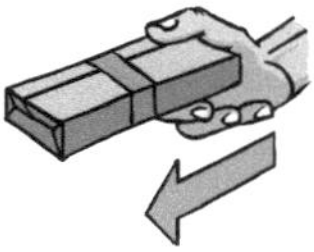

給

给

拿

拿

有

有

做

做

當

当

站

站

跑

跑

拉

拉

丟

扔

摔倒

摔倒

躺

躺

等待

等待

攜帶

携带

坐

坐

穿衣

穿衣

睡覺

睡觉

醒來

醒来

看

看

哭

哭

擊

抚摸

梳頭

梳头

交談

交谈

明白

明白

問

问

聽

听

喝

喝

吃

吃

清理

清理

愛

爱

做飯

做饭

開車

开车

飛

飞

航行

航行

計算

计算

讀

读

學習

学习

工作

工作

結婚

结婚

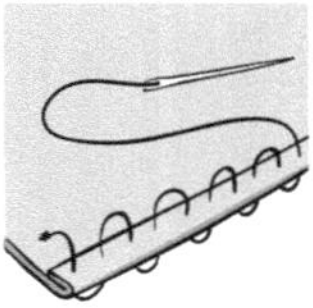

縫

缝

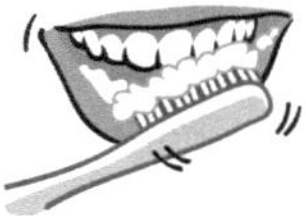

刷牙

刷牙

殺

杀

抽菸

抽烟

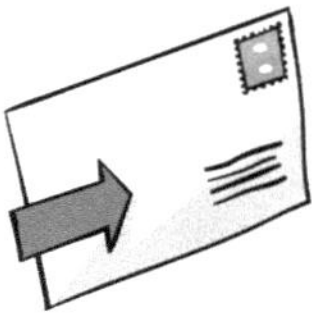

寄

寄

家

家

祖母
祖母
祖父
祖父
父親
父亲
母親
母亲
嬰兒
婴童
女兒
女儿
兒子
儿子

客人

客人

阿姨

阿姨

叔叔

叔叔

兄弟

兄弟

姐妹

姐妹

身體
身体

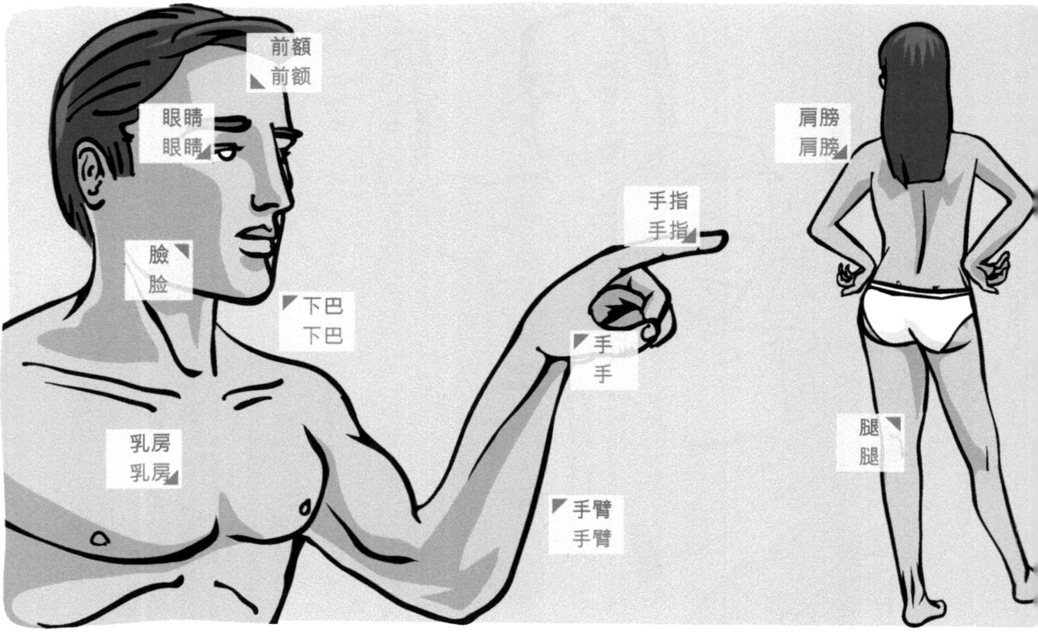
前額
前额
眼睛
眼睛
肩膀
肩膀
手指
手指
臉
脸
下巴
下巴
手
手
腿
腿
乳房
乳房
手臂
手臂

嬰兒

婴童

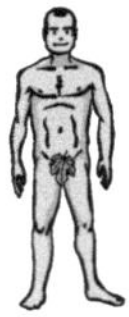

男人

男人

女人

女人

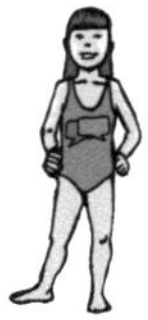

女孩

女孩

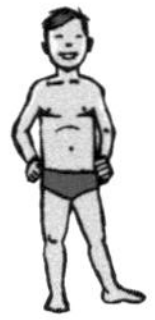

男孩

男孩

頭

头

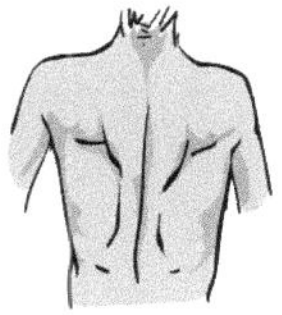

背部

背部

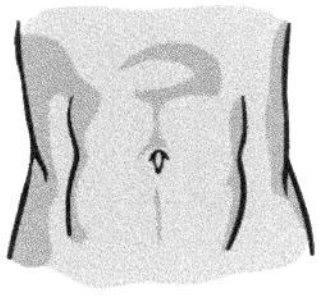

肚子

肚子

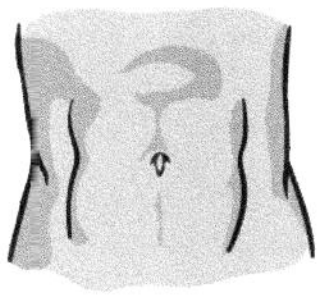

肚臍

肚脐

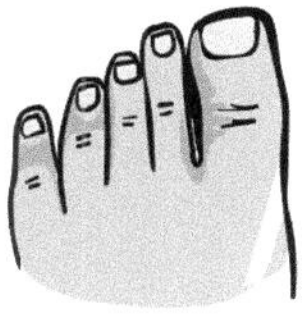

腳趾

脚趾

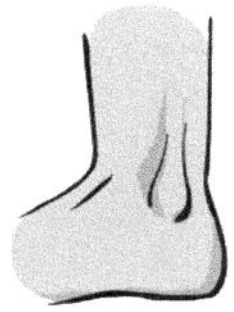

腳後跟

脚后跟

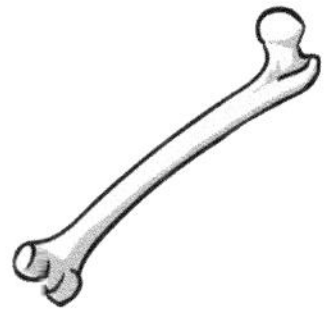

骨頭

骨头

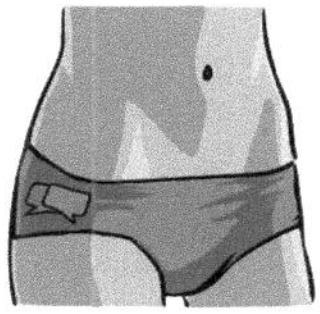

臀部

臀部

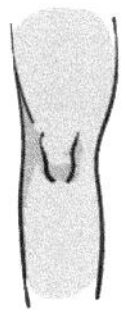

膝蓋

膝盖

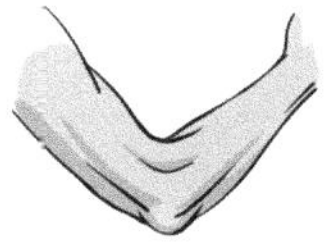

手肘

手肘

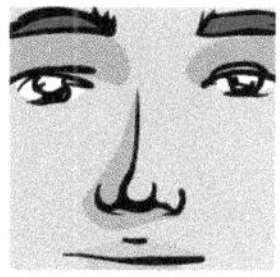

鼻子

鼻子

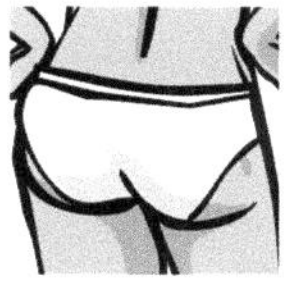

屁股

屁股

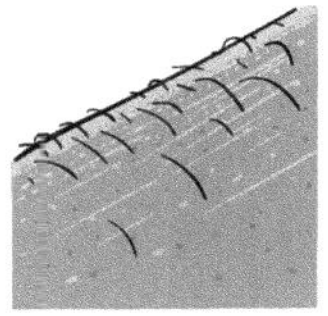

皮膚

皮肤

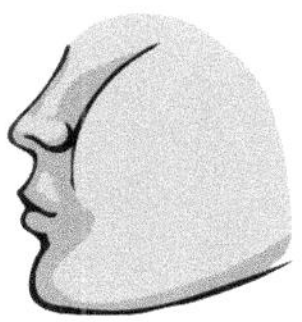

臉頰

脸颊

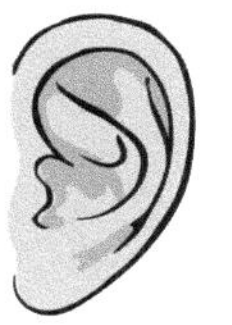

耳朵

耳朵

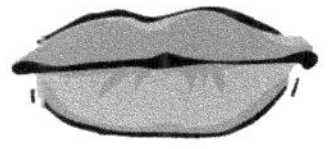

嘴唇

嘴唇

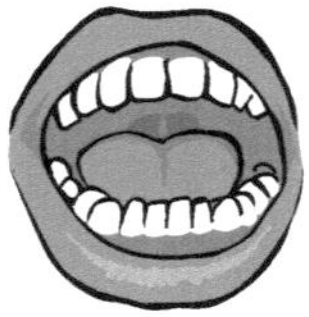

嘴

嘴

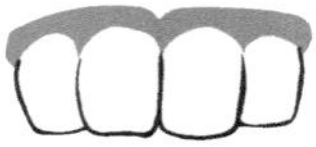

牙齒

牙齿

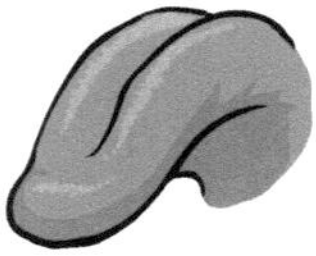

舌頭

舌头

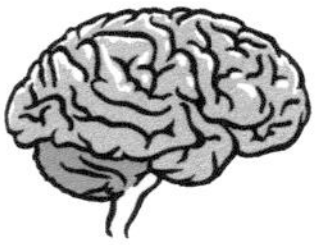

腦

脑

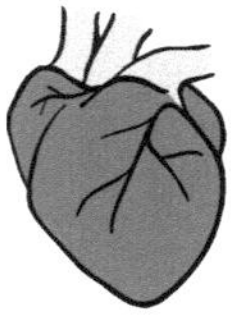

心臟

心脏

肌肉

肌肉

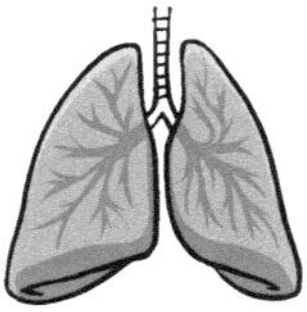

肺

肺

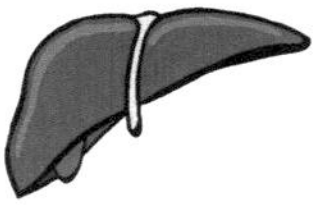

肝臟

肝脏

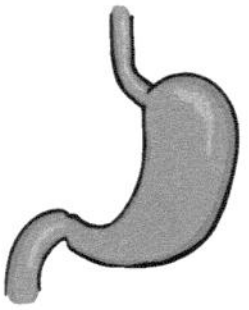

胃

胃

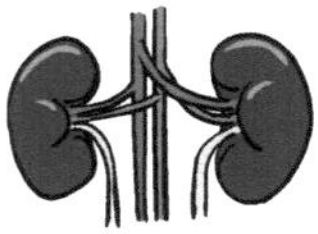

腎臟

肾脏

性交

性交

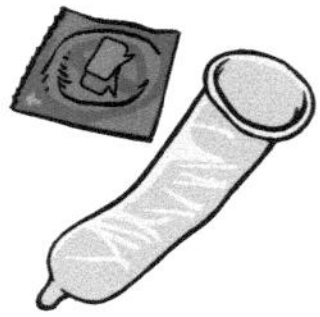

保險套

避孕套

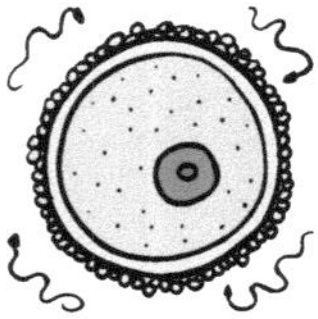

卵子

卵子

精子

精子

懷孕

怀孕

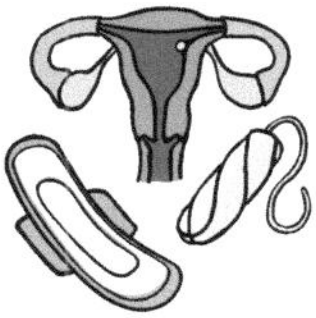

月事

月经

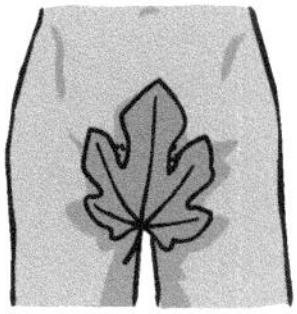

陰道

阴道

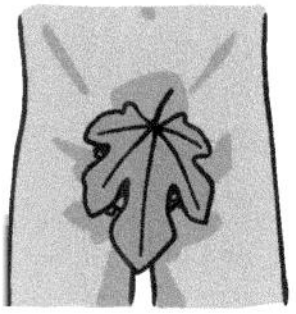

陰莖

阴茎

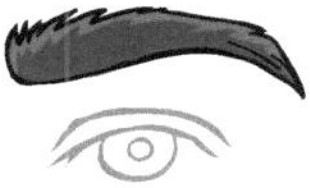

眉毛

眉毛

頭髮

头发

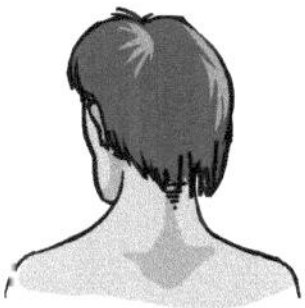

脖子

脖子

醫院

医院

醫師

医生

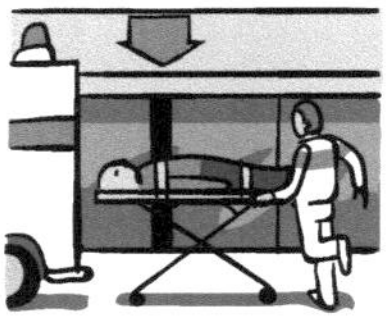

急診室

急诊室

護理師

护士

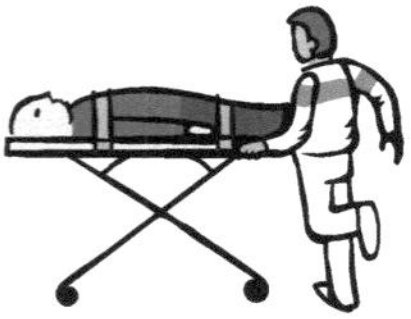

緊急情形

紧急情况

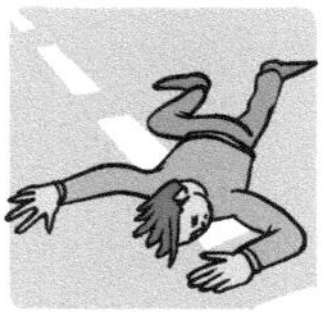

昏迷

昏迷

痛

痛

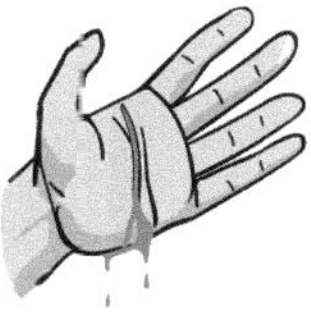

受傷

受伤

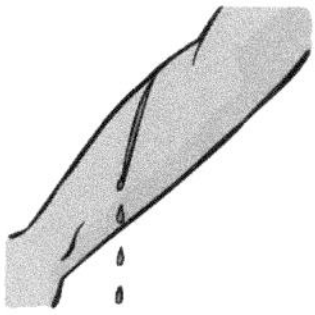

出血

出血

心臟病發作

心脏病发作

中風

中风

過敏

过敏

咳嗽

咳嗽

發燒

发烧

流感

流感

腹瀉

腹泻

頭痛

头痛

癌症

癌症

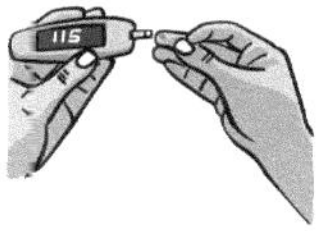

糖尿病

糖尿病

外科醫師

外科医生

手術刀

手术刀

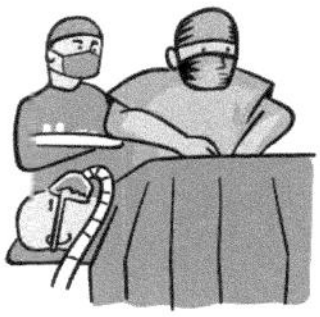

手術

手术

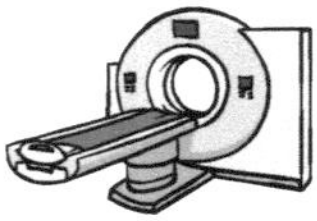

電腦斷層掃描

CT

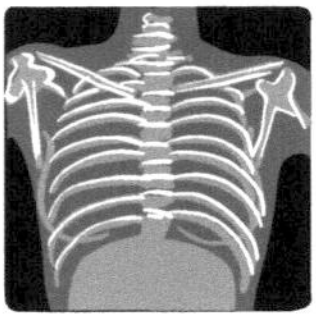

X光

X光

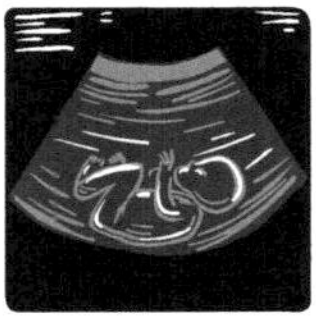

超音波

超声波

口罩

口罩

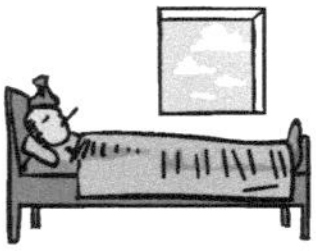

疾病

疾病

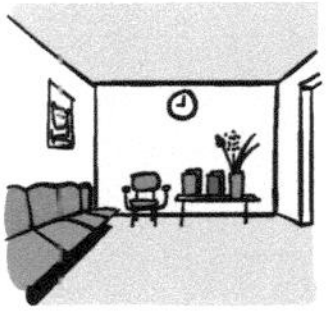

候診室

候诊室

拐杖

拐杖

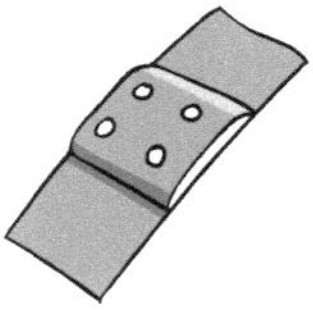

石膏

石膏

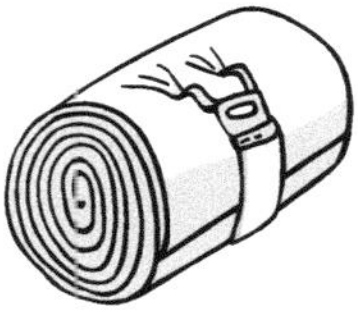

繃帶

绷带

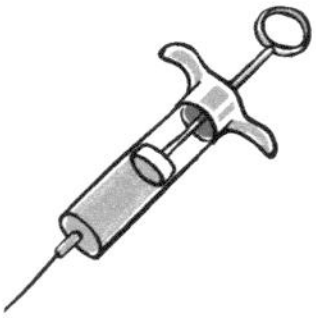

注射

注射

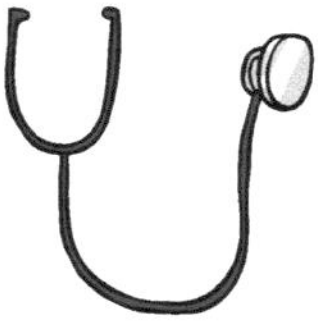

聽診器

听诊器

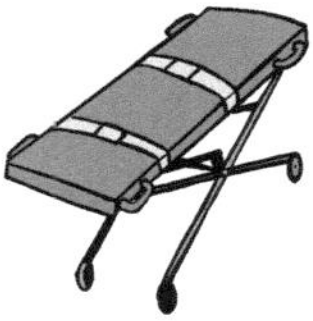

擔架

担架

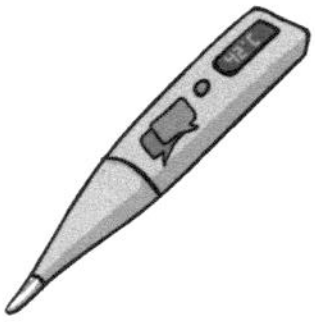

體溫計

体温计

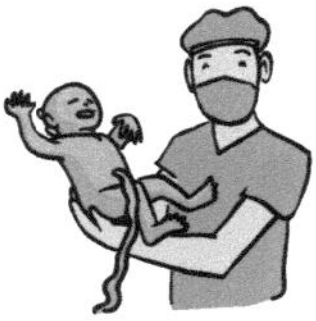

出生

出生

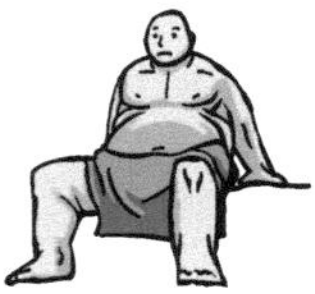

超重

超重

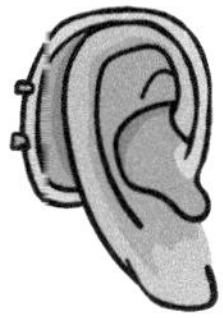

助聽器

助听器

消毒液

消毒液

感染

感染

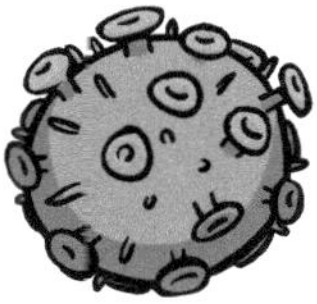

病毒

病毒

愛滋病

艾滋病

藥物

药物

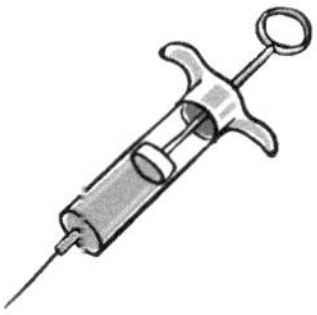

接種疫苗

接种疫苗

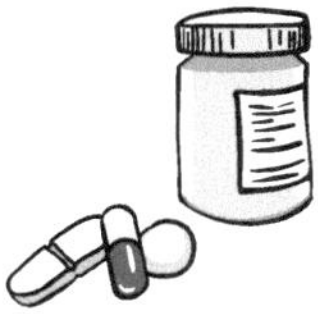

藥片

药片

藥丸

药丸

急救電話

急救电话

血壓計

血压计

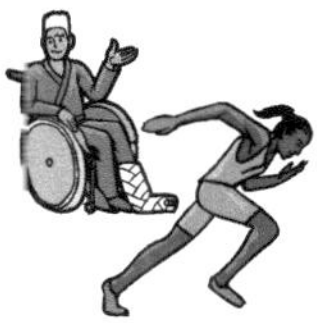

生病/健康

生病/健康

緊急情形
紧急情况

救命！

救命！

警報

警报

突擊

突击

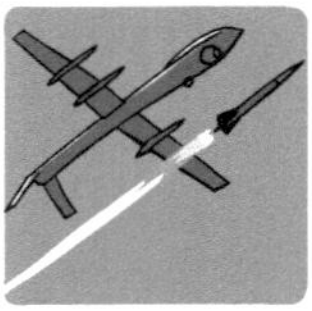

攻擊

攻击

危險

危险

緊急出口

紧急出口

失火了！

着火啦！

滅火器

灭火器

意外

意外

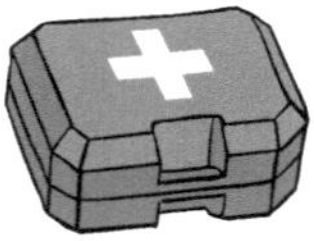

急救箱

急救箱

呼救訊號

呼救信号

員警

警察

地球

地球

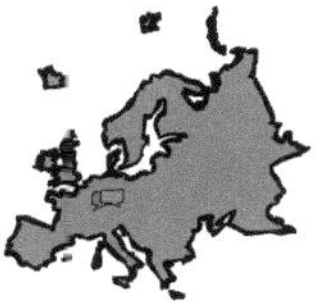

歐洲

欧洲

北美洲

北美洲

南美洲

南美洲

非洲

非洲

亞洲

亚洲

澳洲

澳洲

大西洋

大西洋

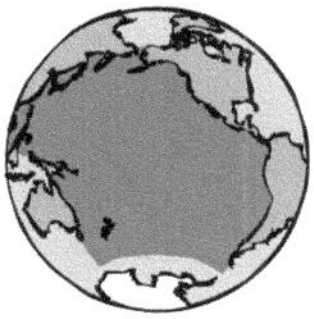

太平洋

太平洋

印度洋

印度洋

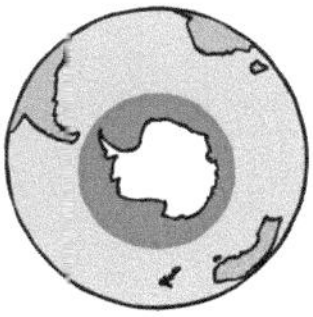

南冰洋

南冰洋

北冰洋

北冰洋

北極

北极

南極

南极

南極洲

南极洲

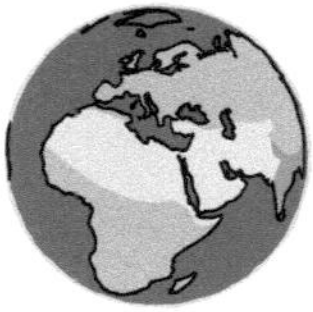

地球

地球

陸地

陆地

海

海

島

岛

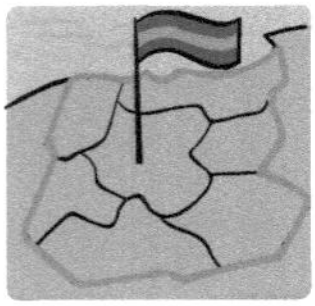

國家

国家

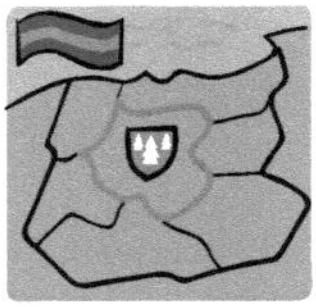

州

国家

鐘錶

钟表

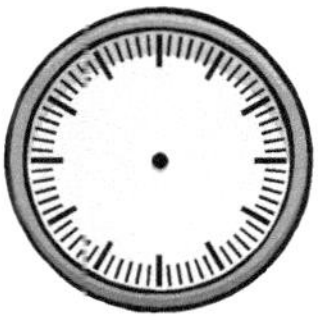

錶盤

钟面

時針

时针

分針

分针

秒針

秒针

現在幾點？

现在几点？

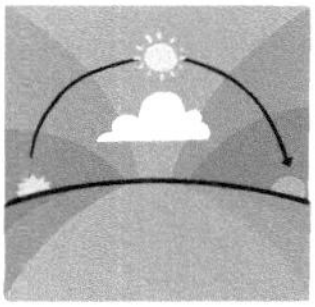

天

天

時間

时间

現在

现在

電子錶

电子表

分

分

時

时

週

周

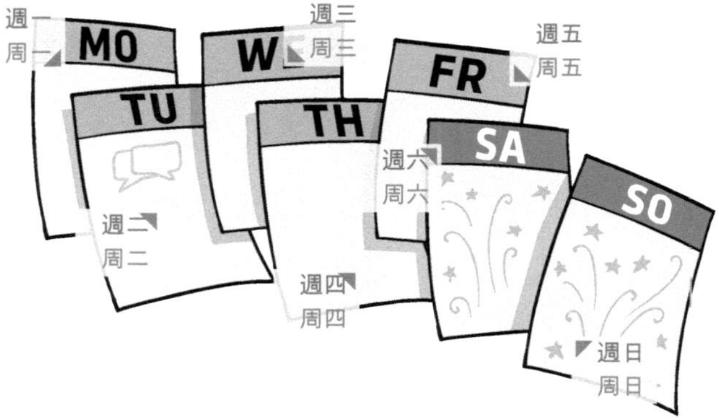

昨天

昨天

今天

今天

明天

明天

早晨

早晨

中午

中午

晚上

晚上

工作日

工作日

週末

周末

天氣預告

天气预报

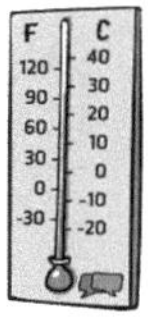

溫度計

温度计

陽光

阳光

雲

云

霧

雾

潮濕

潮湿

閃電

闪电

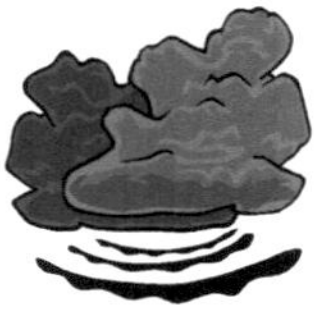

打雷

打雷

風暴

风暴

冰雹

冰雹

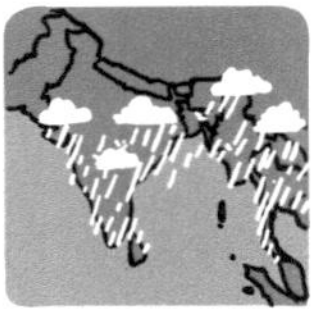

季風

季风

洪水

洪水

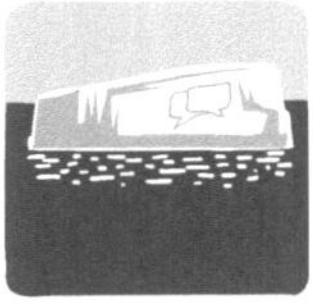

冰

冰

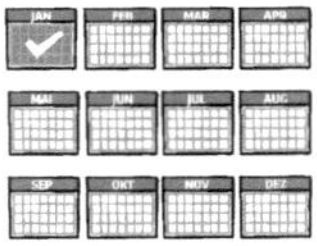

一月

一月

二月

二月

三月

三月

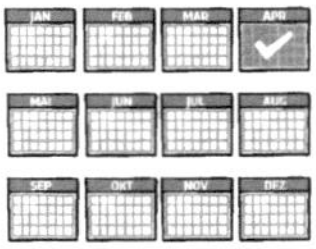

四月

四月

五月

五月

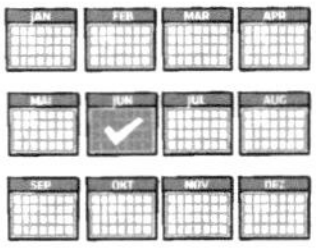

六月

六月

七月

七月

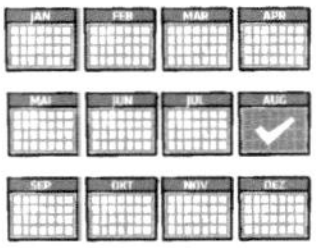

八月

八月

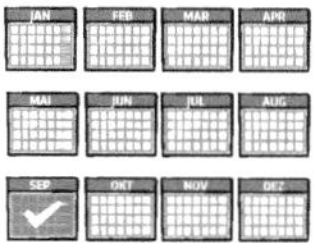

九月

九月

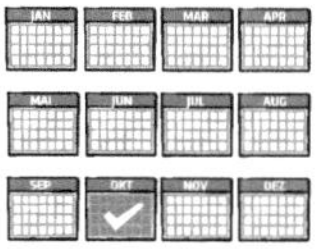

十月

十月

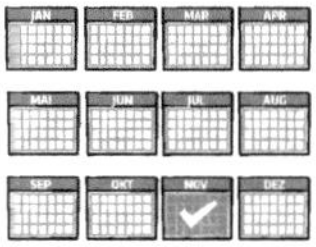

十一月

十一月

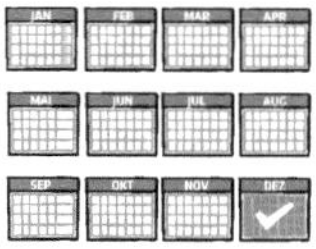

十二月

十二月

形狀

形状

圓形

圆形

正方形

正方形

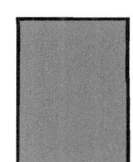

長方形

长方形

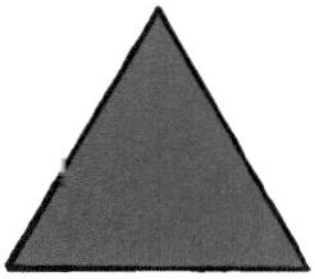

三角形

三角形

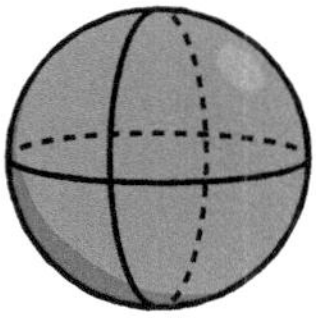

球體

球体

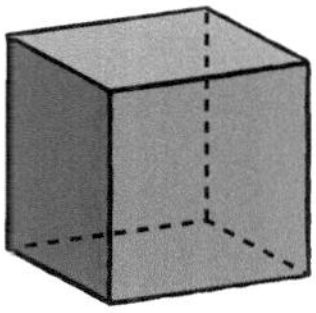

立方體

立方体

顏色
颜色

白

白

黃

黄

橙

橙

粉

粉

紅

红

紫

紫

藍

蓝

綠

绿

棕

棕

灰

灰

黑

黑

反義詞
反义词

很多/少許

很多/少许

生氣/平靜

生气/平静

美/醜

美/丑

首/尾

首/尾

大/小

大/小

明/暗

明/暗

兄弟/姐妹

兄弟/姐妹

乾淨/骯髒

干净/肮脏

完整/缺失

完整/缺失

白天/晚上

白天/晚上

死/生

死/生

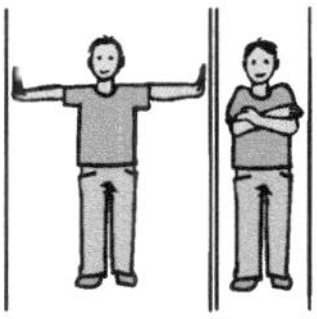

寬/窄

宽/窄

可食用/非食用

可食用/非食用

邪惡/善良

邪恶/善良

興奮/無聊

兴奋/无聊

胖/瘦

胖/瘦

第一/最後

第一/最后

朋友/敵人

朋友/敌人

滿/空

满/空

硬/軟

硬/软

重/輕

重/轻

餓/渴

饿/渴

生病/健康

生病/健康

非法/合法

非法/合法

聰明/愚笨

聪明/愚笨

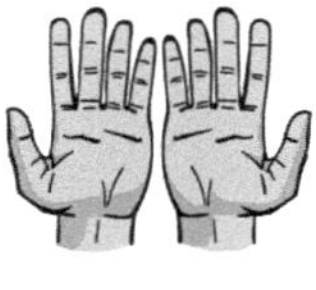

左/右

左/右

近/遠

近/远

新/舊

新/旧

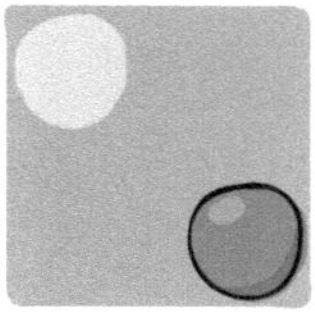

沒有/有些

没有/有些

老/幼

老/幼

開/關

开/关

打開/闔上

打开/合上

安靜/吵鬧

安静/吵闹

富/窮

富/穷

對/錯

对/错

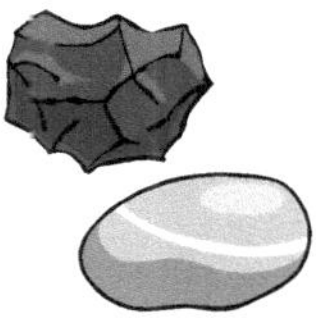

粗糙/光滑

粗糙/光滑

傷心/高興

伤心/高兴

短/長

短/长

慢/快

慢/快

濕/乾

湿/干

溫暖/涼爽

温暖/凉爽

戰爭/和平

战争/和平

數字
数字

0 零 零	1 一 一	2 二 二
3 三 三	4 四 四	5 五 五
6 六 六	7 七 七	8 八 八
9 九 九	10 十 十	11 十一 十一

12	**13**	**14**
十二	十三	十四
十二	十三	十四
15	**16**	**17**
十五	十六	十七
十五	十六	十七
18	**19**	**20**
十八	十九	二十
十八	十九	二十
100	**1.000**	**1.000.000**
百	千	百萬
百	千	百万

語言

语言

英語

英语

美式英語

美式英语

普通話

普通话

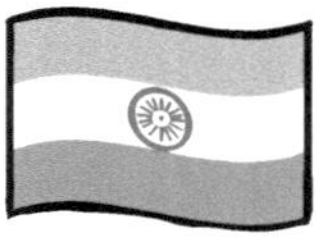

印地語

印地语

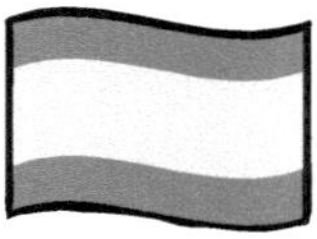

西班牙語

西班牙语

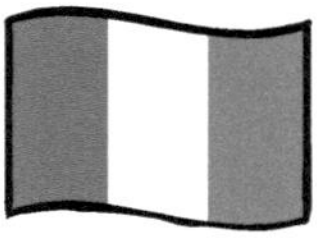

法語

法语

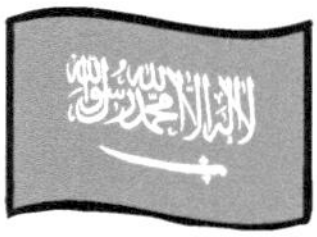

阿拉伯語

阿拉伯语

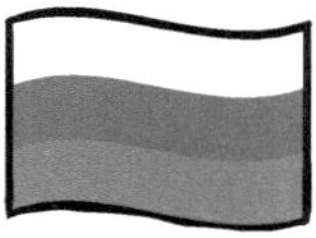

俄語

俄语

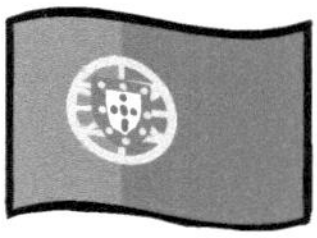

葡萄牙語

葡萄牙语

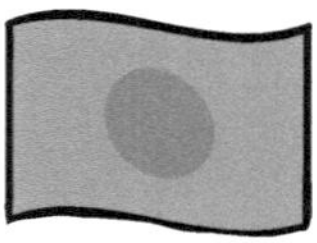

孟加拉語

孟加拉语

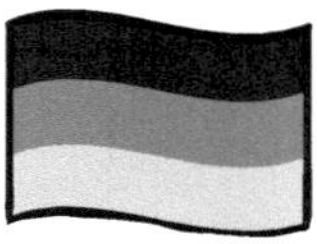

德語

德语

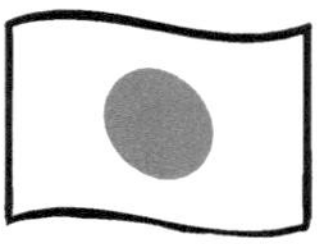

日語

日语

誰/什麼/如何
谁/什么/怎样

我

我

你

你

他/她/它

他/她/它

我們

我们

你們

你们

他們

他们

誰？

谁？

什麼？

什么？

如何？

怎样？

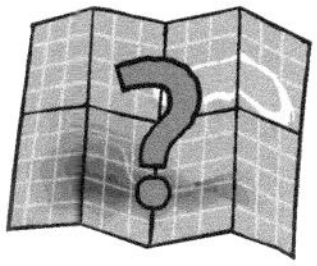

何處？

哪里？

何時？

什么时候？

名字

名字

方位
方位

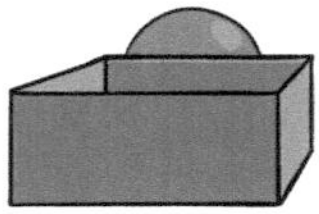

後面

后面

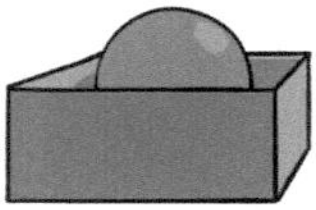

裡面

里面

前面

前面

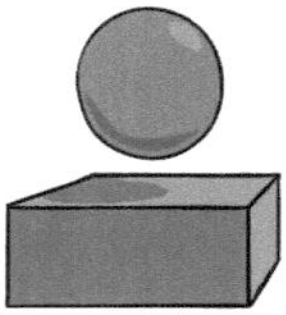

上方

上方

上面

上面

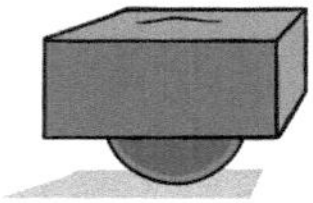

下麵

下面

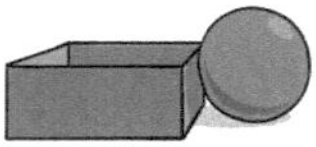

旁邊

旁边

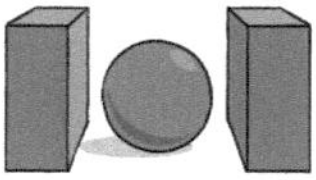

中間

中间

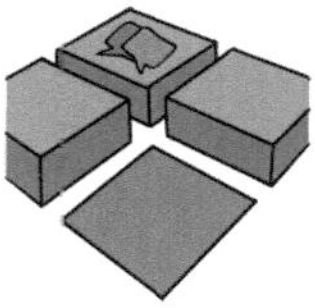

地點

地点